Autor: **Hyug–Gyeon Kim**
Ilustrador: **Kwang–Pil Jung**
Editor: **Yeong–Jik Gwak**

Mi mamá es astronauta:
El oficio de explorar el espacio

Altea

Mamá cantaba una canción de cuna,
pero Miru no podía dormir.
Sus ojos estaban muy abiertos.
—¡Mamá! Escuché que el papá de Lili escaló la
montaña más alta del mundo.
—De seguro te refieres al monte Everest.

Monte Everest
Está entre Nepal y Tíbet.
Es famoso por su altura y
sus dificultades; no es fácil
llegar a la cima.

—¿Sabes cuánto alardeó Lili sobre eso?
Dice que nadie en el mundo ha llegado
tan alto como su papá.

—Mira por la ventana —mamá señaló hacia el cielo nocturno iluminado con la luz de las estrellas.

Ahí no hay gente... a no ser que hables sobre extraterrestres.

No. No puedes verlos, pero hay astronautas que abordan naves espaciales para explorar.

¿Cuántas naves espaciales crees que hay en el cielo? Unos 1,100 satélites que han lanzado varios países. Puedes ver la Estación Espacial Internacional, pues brilla en la noche como una estrella.

Hmm... Pero papá no es quien está allá arriba. ¡Nuestra casa es realmente aburrida!

A la mañana siguiente, Miru se despertó muy temprano y casi se desmayó por la sorpresa. —¡Mira aquí! —dijo en voz alta mamá, que llevaba un casco de motociclista, guantes de hule, un impermeable y botas para la lluvia.

¡Voy a ser astronauta!

Aviso público

¡Se necesita mujer astronauta!

En el Centro Espacial, buscamos a una mujer científica que tenga valor e inteligencia y desee aceptar el desafío de explorar el espacio.

Miru y papá
se quedaron con la
boca abierta cuando
mamá pasó la prueba de astronauta.
—¿Por qué no? Soy una gran científica
y mi cuerpo y mi corazón están fuertes.
¡Así que no tengo por qué fracasar!

Mamá no solo pasó la difícil prueba
¡sino que sacó un puntaje muy alto!

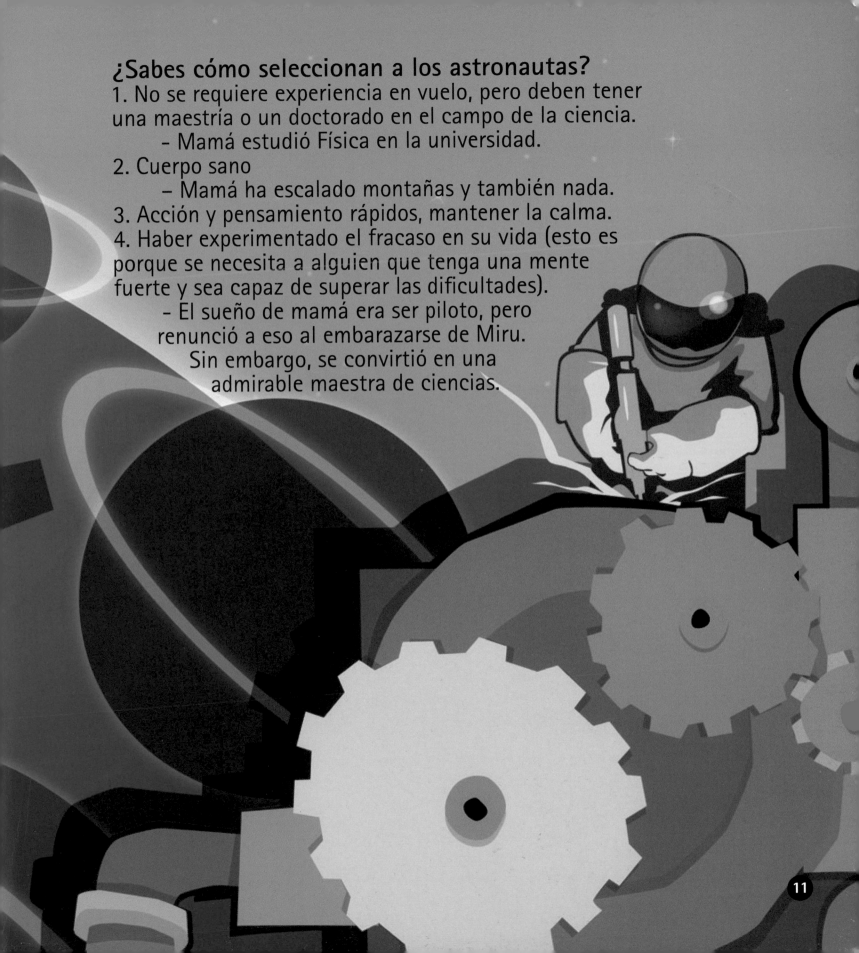

¿Sabes cómo seleccionan a los astronautas?

1. No se requiere experiencia en vuelo, pero deben tener una maestría o un doctorado en el campo de la ciencia.

   - Mamá estudió Física en la universidad.

2. Cuerpo sano

   - Mamá ha escalado montañas y también nada.

3. Acción y pensamiento rápidos, mantener la calma.

4. Haber experimentado el fracaso en su vida (esto es porque se necesita a alguien que tenga una mente fuerte y sea capaz de superar las dificultades).

   - El sueño de mamá era ser piloto, pero renunció a eso al embarazarse de Miru. Sin embargo, se convirtió en una admirable maestra de ciencias.

Mamá recibió capacitación para ser astronauta, durante un año. Aprendió cómo manejar la nave espacial y a vivir en la Estación Espacial. Decía que lo más difícil de la capacitación fue flotar en un ambiente libre de gravedad.

Gravedad cero

Significa que la fuerza de atracción de la Tierra no está ejerciendo su influencia. En esta condición todo flota dentro de la nave espacial. Por lo tanto, es muy importante que recibas capacitación para acostumbrarte a ese ambiente especial.

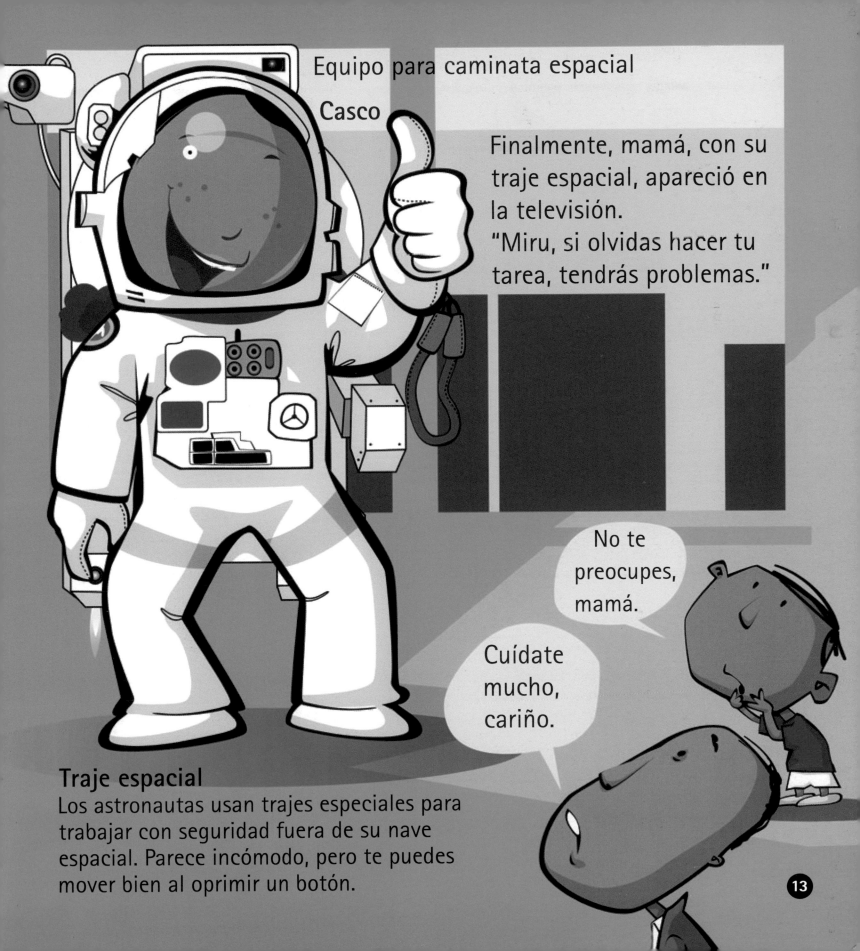

Equipo para caminata espacial

Casco

Finalmente, mamá, con su traje espacial, apareció en la televisión.
"Miru, si olvidas hacer tu tarea, tendrás problemas."

No te preocupes, mamá.

Cuídate mucho, cariño.

Traje espacial
Los astronautas usan trajes especiales para trabajar con seguridad fuera de su nave espacial. Parece incómodo, pero te puedes mover bien al oprimir un botón.

Poco
después,
se inició
el conteo
en la plataforma
de lanzamiento.
¡3!, ¡2!, ¡1!, ¡0!
¡El cohete despegó!

Centro espacial

Se divide en una sección de fábrica y una de lanzamiento. En el centro de la sección de fábrica están la oficina central, la de inspección de ensamblado de naves espaciales y la fábrica de maquinaria. En la sección de lanzamiento están la plataforma y el centro de control. En este se pueden dar muchas órdenes y ayuda vía satélites espaciales.

El transbordador espacial empezó a liberar
fuego. Se elevó con mucha fuerza, lanzó
cantidades enormes de fuego e hizo mucho ruido.
¡Casi como si fuera un terrible dinosaurio
volando por el cielo!

Área de
carga

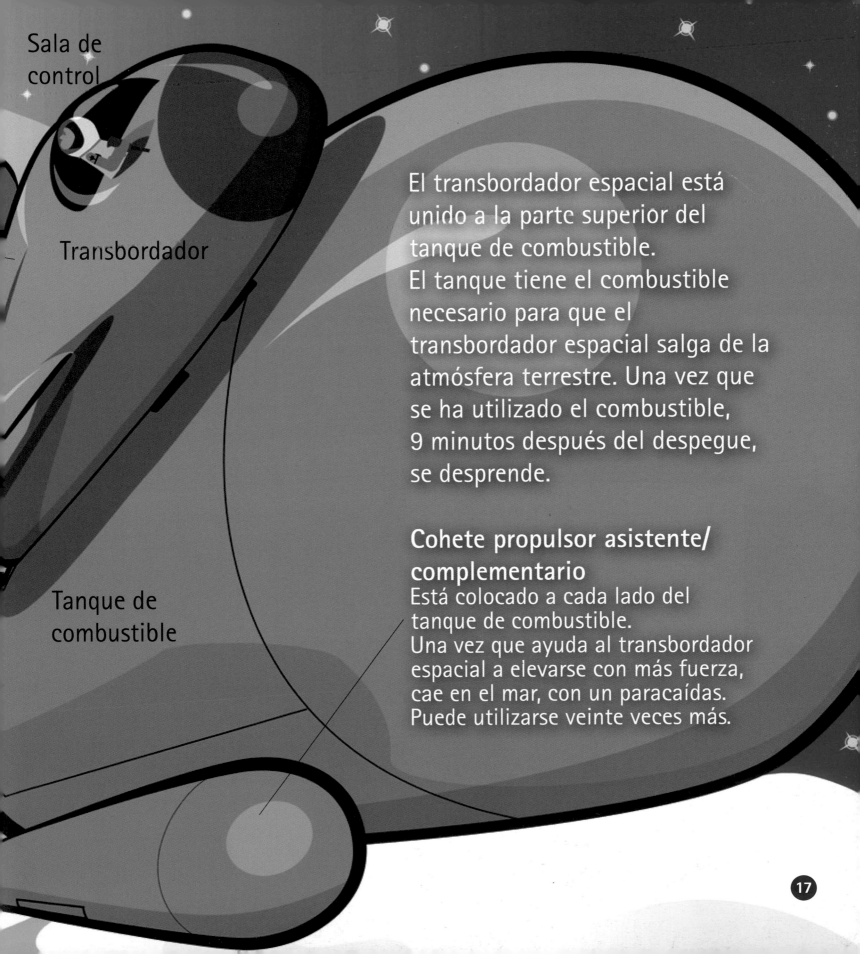

Sala de control

Transbordador

Tanque de combustible

El transbordador espacial está unido a la parte superior del tanque de combustible.
El tanque tiene el combustible necesario para que el transbordador espacial salga de la atmósfera terrestre. Una vez que se ha utilizado el combustible, 9 minutos después del despegue, se desprende.

Cohete propulsor asistente/ complementario
Está colocado a cada lado del tanque de combustible.
Una vez que ayuda al transbordador espacial a elevarse con más fuerza, cae en el mar, con un paracaídas. Puede utilizarse veinte veces más.

El transbordador espacial llegó a salvo al espacio. La cubierta del compartimiento de carga se abrió por sí sola. Se deja abierta para que el calor de la nave se envíe al exterior. Si la cubierta no se abre, es necesario cancelar todos los planes y regresar pronto a la Tierra.

Circulamos con rapidez. Es mejor que me asegure de que no haya ningún problema con las máquinas.

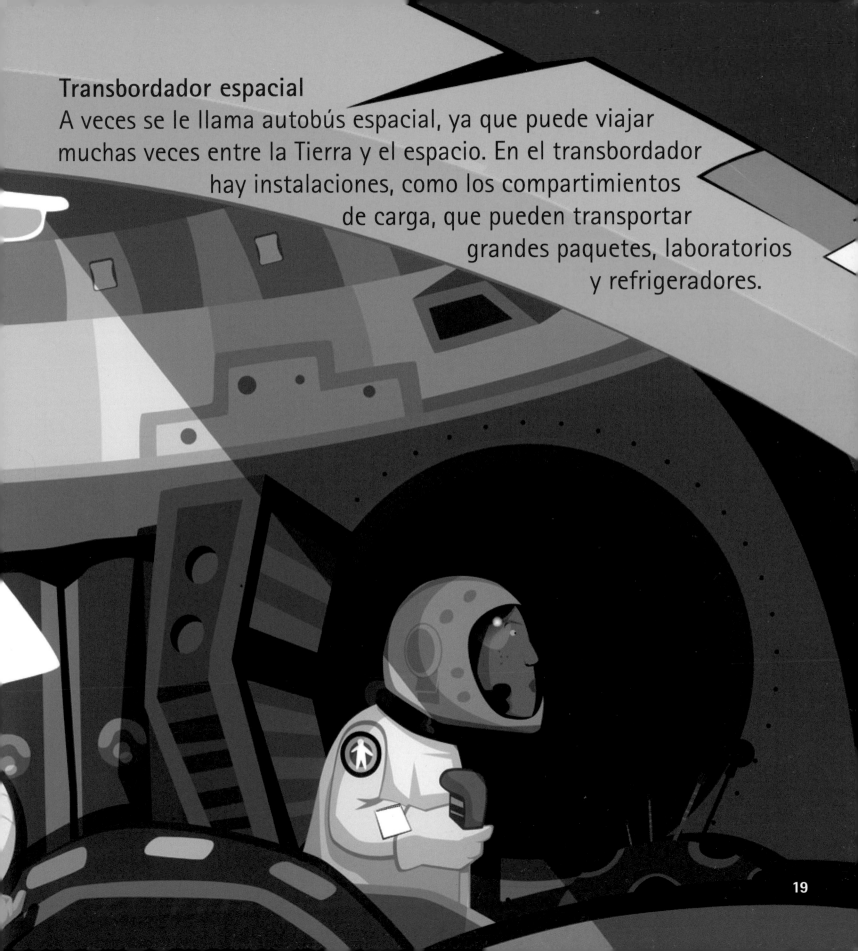

Transbordador espacial

A veces se le llama autobús espacial, ya que puede viajar muchas veces entre la Tierra y el espacio. En el transbordador hay instalaciones, como los compartimientos de carga, que pueden transportar grandes paquetes, laboratorios y refrigeradores.

Bolsa para dormir

Duermes en una bolsa especial, fijada a la nave para que no flote.

Regadera espacial

El agua de la regadera flota en el aire para que toque el cuerpo. Al fin de la ducha, un aspirador absorbe el agua.

Mamá le dio a Miru detalles sobre la vida en el espacio.

Excusado espacial

El excusado succiona el excremento y la orina como una aspiradora; si no, flotarían en el aire. El excremento se seca, se recoge y se desecha después en la Tierra.

¡Mira, puedo ver la Estación Espacial! —gritó Miru.

El transbordador espacial en que estaba mamá se acercó despacio a la Estación Espacial.

Estación Espacial

Es un enorme laboratorio construido para explorar el espacio y efectuar el desarrollo espacial. El transbordador lleva máquinas y equipo para ensamblaje en el espacio. Varios países se unieron para construir la Estación Espacial Internacional (ISS).

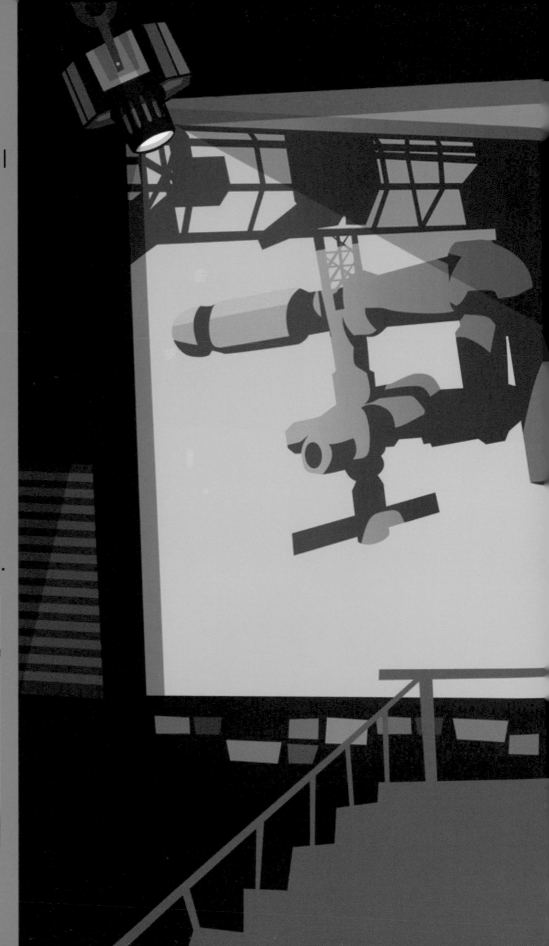

¡Listo para acoplarse!
El transbordador espacial se
aproximó a la Estación Espacial.
Manteniéndose derecho para
hacer la conexión, se unió por sí
solo a la Estación Espacial
"¡Es un éxito, hurra!", gritó mamá.

Acoplamiento

Describe el método por el cual más de dos naves
espaciales se unen en el espacio.
Es una técnica muy importante en términos del
desarrollo espacial. Se requiere acoplamiento
cuando el trasbordador espacial llega a la Estación
Espacial o al satélite, para reparar o ensamblar la
Estación Espacial.

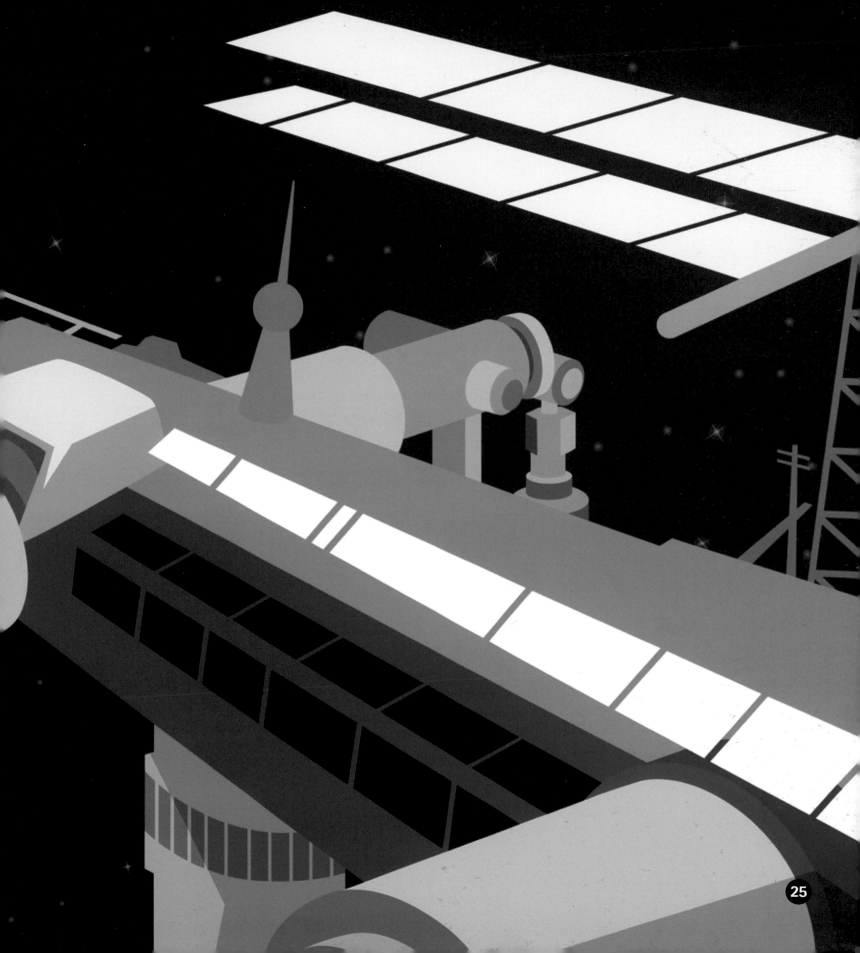

Un gran brazo robot sacó un módulo del compartimiento de carga del transbordador. Luego empezó a ensamblar el módulo en la Estación Espacial. Los astronautas salieron a ayudar. Hicieron una nueva sección en la Estación.

Módulo
Indica una sección donde habitan los astronautas o donde hacen experimentos. Muchos módulos se unen para formar una estación espacial.

Brazo de robot
Se monta en la Estación. Se utiliza para sacar cosas del compartimiento de carga del transbordador espacial, hacer experimentos o reparaciones.

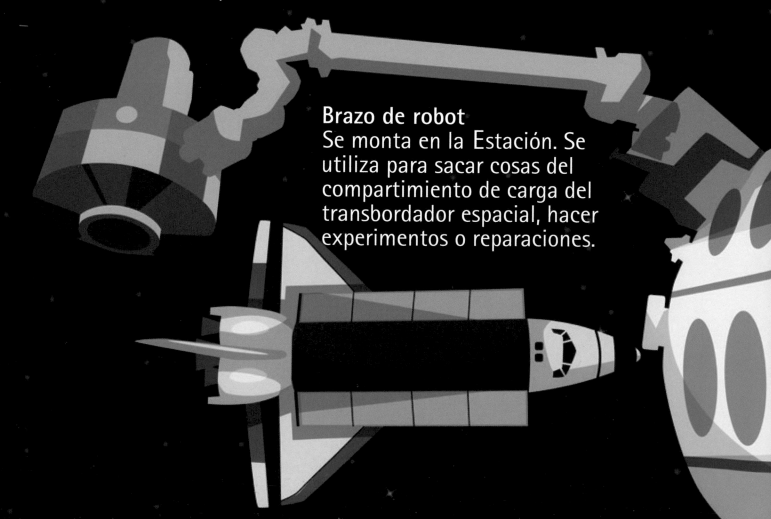

Tripulación de la Estación Espacial
Los astronautas, que han vivido en el espacio durante mucho tiempo, hacen varios experimentos.
Estudian también si los seres humanos pueden vivir bien en el espacio y cómo viven los animales y las plantas.

Mamá llevó flores, plantas, un ratón y otros animales a la Estación Espacial. Fue recibida calurosamente por astronautas de diferentes países que vivían en la Estación Espacial.

Cultivo de plantas en el espacio
Construyeron un invernadero para investigar cómo viven las plantas en un ambiente sin gravedad.

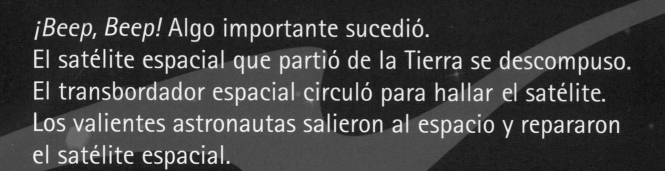

¡*Beep, Beep!* Algo importante sucedió.
El satélite espacial que partió de la Tierra se descompuso.
El transbordador espacial circuló para hallar el satélite.
Los valientes astronautas salieron al espacio y repararon
el satélite espacial.

Satélite artificial
Se lanzó al espacio para
orbitar la Tierra, la Luna, el Sol,
etc. Se usa para experimentos
científicos, observación del
clima, comunicación,
entre otras cosas.

Los astronautas, que terminaron su misión, empezaron
a prepararse para regresar a la Tierra.
No obstante, la mamá de Miru tendrá que permanecer
en el espacio unos meses más. En la Estación Espacial,
investigará para la Tierra y para la gente que vive ahí.
Sin embargo, no estará sola.
Esto es porque tiene al ratón, las flores y otros amigos
animales, así como una fotografía de Miru y del papá
de Miru sonriendo.

Relevo de la tripulación

Los astronautas que viven en la Estación Espacial realizan investigación por un par de meses.
Cuando llegan nuevos astronautas, intercambian tareas y vuelven a la Tierra.

¡Ahora, un regalo caliente del espacio!
Los astronautas que llegaron a la Tierra abrazaron
de pronto a Miru.

Miru y su papá leyeron la carta de su
mamá y miraron hacia el cielo.
"Mamá, vuelve pronto, la Tierra es muy
aburrida sin ti..."

De: Mamá

Para mi adorable Miru (¡y papá!):

Estás obedeciendo a tu papá, ¿no es así? (¡De lo contrario, enviaré un relámpago! ¡Ja, ja, ja!) ¡Cuando quieras verme, mira hacia el cielo!

Puedes verme, ¿no es así?

Desde el lugar más alto en el mundo. Te estoy mirando siempre, desde el espacio.

Para: Miru

Nota del profesor

Mi mamá es astronauta: El oficio de explorar el espacio

Young-Jik Kwok (Universidad de Soo-Won, Facultad de Física)

¿Alguna vez has mirado hacia arriba, hacia el cielo, en una noche de verano, lejos de la ciudad? Es un mundo misterioso y fascinante. En el campo, el cielo nocturno está lleno de estrellas brillantes; en la ciudad no lo puedes ver de la misma manera debido a la contaminación.

Sería un día de suerte si vieras un pequeño rayo de luz pasando con rapidez entre las estrellas. Esa luz puede ser un satélite artificial o la Estación Espacial que orbitan la Tierra. No es la luz del satélite en sí, sino el reflejo del Sol. El satélite y la Estación viajan por el cielo. Es encantador verlo; pero, ¿no sería más emocionante si tu mamá estuviera ahí? En el futuro cercano, llegará el día en que nuestras mamás y nuestros papás viajen a explorar el espacio. Los viajes de exploración espacial no son unas simples vacaciones. Primero, hay mucha competencia para ser elegido como astronauta. Debes tener muchos conocimientos científicos, estar sano y ser valiente. También necesitas capacitarte para vivir en un ambiente de ingravidez. Sólo después de eso podrás partir a la exploración del espacio.

Una zona sin gravedad es una situación donde la fuerza de atracción de la Tierra no tiene efecto. Los satélites orbitan, es decir, dan vueltas alrededor de la Tierra a gran velocidad. Cuando un objeto gira se crea una fuerza que lo hace alejarse de su centro. La Estación Espacial aplica este concepto. En el caso del satélite, la fuerza de alejamiento de la Tierra y la gravedad de la Tierra se equilibran entre sí. Al suceder esto, el satélite no es jalado hacia la Tierra ni se aleja de ésta. En este estado de ingravidez, se flota en el interior de la Estación Espacial. Por eso es muy importante recibir capacitación para adaptarse a este ambiente espacial.

Al terminar todos los preparativos, se lanza al espacio exterior el transbordador espacial en el que viajan los astronautas. Esencialmente, una vez que el transbordador espacial llega a la órbita de la Tierra, efectúa algunos experimentos y luego se acopla a la Estación Espacial.

Anteriormente hubo una estación espacial llamada Mir,
que había sido puesta en órbita por la URSS (ahora Rusia).
Fue destruida porque ya era muy vieja. Varios países se
unieron para construir la Estación Espacial Internacional
(ISS por sus siglas en inglés) que funciona en la actualidad.
En ella hay muchos científicos que han estado viviendo ahí
bastante tiempo, para llevar a cabo muchos experimentos
e investigaciones.

El espacio no tiene límites. Por lo pronto, este es un paso
para la exploración espacial humana. Esto es porque solo
han transcurrido 50 años desde que dimos un primer paso
hacia el espacio. Sin embargo, lo importante es el hecho
de que ya iniciamos nuestro "viaje". En un futuro cercano,
el pequeño paso se convertirá en un gran paso. Cuando
suceda esto, nuestros hijos tendrán muchas cosas más que
hacer.

El autor, **Kim Hyun-Gyeon**, se graduó como Editor creativo y trabajó como planificador en contenidos de Internet, e incluso como redactor. Se ha enfocado en la tarea de editar libros con "Pink Whale", una asociación de escritores de libros para niños. Sus libros incluyen la serie *Fun Animal Encyclopedia*.

El ilustrador, **Kwang-Pil Jung**, se especializó en Fotografía en la Universidad Jo Sun, en la facultad de Artes Industriales, y completó su carrera en la Academia de Artes de San José. Ha participado en la creación de varios personajes para juegos y comercialización, y ahora sueña con crear un libro de ilustraciones con fotos y pinturas. Entre sus obras se cuenta *Golden Fish*

El editor, **Yeong-Jik Kwak**, se graduó en Física y Ciencias en la Universidad Nacional de Seúl, y realizó un doctorado en la Universidad de Kentucky, en EE.UU. Es maestro de Física y Ciencias en la Universidad de Suwon. Se ha interesado y apasionado por presentar la ciencia a los niños de tal modo que sea divertida y fácil de entender. Ha escrito muchos libros, como *Roll The Ball, What Colour Is Sunlight?, Science Story* y *Science Is Fun.*

Altea

Mi mamá es astronauta: El oficio de explorar el espacio | ISBN: 978-088272137-8

Título original: *Mum Is An Astronaut* | D.R. © Yeowon Media, 2006 | De la primera edición en español: D.R. © Santillana Ediciones Generales, S.A. de C.V., 2007, Av. Universidad 767, Col. Del Valle, México, D.F. | Coordinación editorial: Gerardo Mendiola | Traducción y formación: Alquimia Ediciones, S.A. de C.V. | Cuidado de la edición: William Dietzel y Gerardo Mendiola

Altea es un sello editorial del Grupo Santillana

De esta edición: D.R. © Santillana USA Publishing Company, Inc., 2012.
2023 NW 84th Ave., Doral, FL 33178

Impreso por Nupress of Miami, Inc.   15 14 13   1 2 3 4 5

www.santillanausa.com

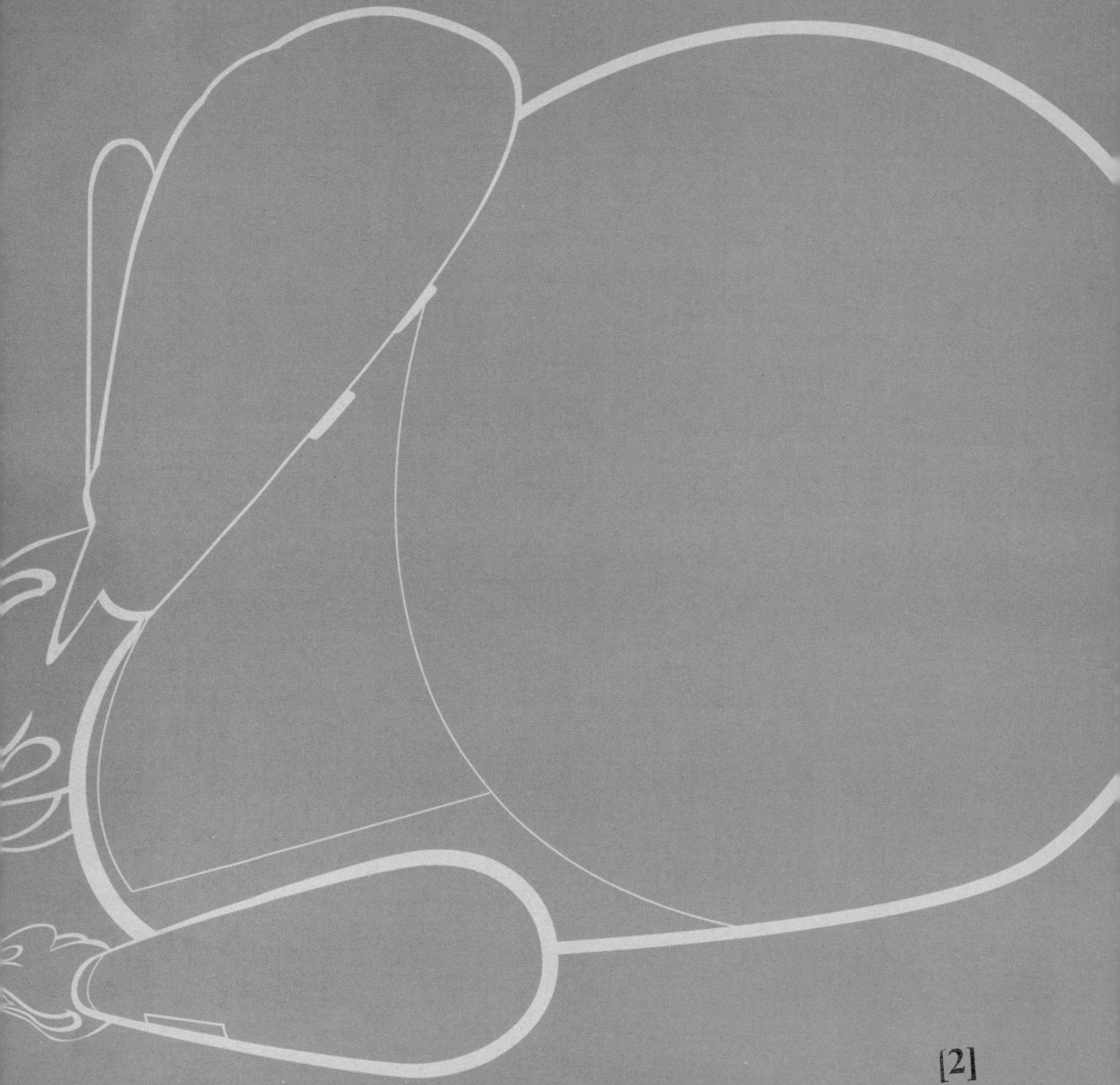